KB194644

윤동주, 달을 쏘다

뮤지컬 윤동주 달을 쏘다 대본집

한아름 대본·가사

문학수첩

등장인물

윤동주
송몽규
강처중
정병욱
이선화(가상인물)
당숙 윤영춘
장성언
백인준
외솔 최현배

外 다수 배역

본문 내 사진 제공: (재)서울예술단 · Photo by 박귀섭(BAKi)

작가의 말

1. 극은 최대한 역사적 사실에 근거하기 위해, 이선화(약간의 증언만 존재)를 빼고는 일부러 가상 인물을 만들어 내 악역을 만들거나 창작된 사건의 얼개를 억지로 만들지 않았다. 왜냐면 윤동주의 일대기적 기술보다 역사라는 거대 파도에 휩쓸리는 한 청년의 이야기를 하고 싶었기 때문이다. 저항할 수 없는 역사의 현장은 청년 윤동주에게 가장 큰 '안타고니스트'가 되는 것이다.

2. 현재 2막으로 구성하였으나, 그 외에 달리 자세한 장(場)을 표기하지 않은 이유는 장면 전환 시 보이는 세트나 인물의 등퇴장이 자연스럽게 노출되는 가운데 윤동주가 사색하거나(=걷는다), 시를 쓰는(=읽는다) 모습으로 발현되어야 한다는 의도 때문이다. 그래서 가능하다면 윤동주는 퇴장 없이 우리의 눈 밖으로 사라지지 말아야 하며, 이를 통해 역사의 현장을 떠나지 못한 자신을 향해 괴로움을 호소하는 청년으로 남기를 희망한다.

3. 무대 위 '달'의 이미지는 윤동주가 시를 쓰거나 사색하는 밤 등 가능한 윤동주와 동행한다. 달의 모양은 얇은 초승달로 시작하여 윤동주의 고민과 역사 속에 혼돈이 커질수록 그 몸집을 키워가다가 마지막 장면에서는 무대를 가득 채울만한 보름달이 되어 제목처럼 윤동주가 달을 쏘았으면 한다.

4. 3번과 마찬가지로 공연의 계절 역시 경성의 봄을 시작으로 일본의 장마와 교도소의 가을을 거쳐 다시 경성의 겨울로 끝이 난다.

5. 본 작품은 한 단락의 이야기나 한 넘버(=음악) 안에서도 시·공간을 나누어, 다른 시·공간의 인물들을 자연스럽게 불러낼 수 있음을 전제로 썼다. 이는 사실성을 중요시하는 역사극이 갖는 시·공간적 구성보다 그의 '시'가 가지고 있는 감성을 따라가는 구성을 살리고 싶어서다. 윤동주의 '회상', '그리움' 혹은 '정신적 갈등', '죄책감', 훗날 약물로 말미암은 '환각과 환청' 등을 살리려는 의도로 형식 통일을 고려해 여러 장면에 활용하였다.

6. 윤동주의 '시'가 가진 원형을 변형하는 것은 지양한다. 시는 읽는 자(=배우), 듣는 자(=관객)의 몫으로 온전히 남겨둔다. 단, 제목인 〈달을 쏘다〉는 산문으로 약간의 차용을 통해 유일하게 가사화시켰다.

7. 스크린을 통한 영상이나, 자막, 이미지 등은 작가 임의로 대본에 간헐적으로 표시는 해두었으나 연출이나 무대/영상 디자이너의 의견을 통해 무대 상황에 맞게 적절하게 변화 혹은 추가하여도 무방하다.

8. 가사가 있으나 배경으로 깔리는 음악이나, BGM은 넘버 옆에 (B)로 reprise나 variation은 넘버 옆에 (R)로 통일하여 표기했다.

9. 가미카제, 창씨개명 등 몇몇 단어들은 순화하여 표현함이 옳으나, 당시 시대상을 정확히 표현하고자 사용함을 밝혀둔다.

윤동주 달을 쏘다 Music Number

목차

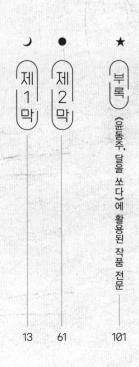

제
1
막

공연이 시작되면, 윤동주의 주제가가 피아노 선율로 아름답게 연주된다.

Music 1. Overture

책상에 (불 꺼진) 외등 하나 흔들린다. 윤동주는 차분히 시를 읊는다(=쓴다).
그렇게 시작한 시는 점점 감정적 억눌림이 분출하듯 격함이 느껴진다.

윤동주   슬퍼하는 자는 복이 있나니

        슬퍼하는 자는 복이 있나니

        슬퍼하는 자는 복이 있나니

        슬퍼하는 자는 복이 있나니

        슬퍼하는 자는 복이 있나니

        슬퍼하는 자는 복이 있나니

        슬퍼하는 자는 복이 있나니

슬퍼하는 자는 복이 있나니

저희가 영원히 슬플 것이오.[1]

음악 잦아들면 기차 소리 들려오고, 타자기 치는 소리가 그 위를 덮는다.
윤동주가 책상으로 가서 앉으면 취조실이다.

1943년 7월 14일[2] 일본 교토, 시모가모 경찰서

취조관 (원고를 흔들며) 일본에 온 목적이 뭔가?

윤동주 난… 문학을 공부하러 왔습니다.

취조관 문학? 독립운동을 하려 한 것은 아니고?

윤동주 창피하지만… 난 독립운동할 만큼 대단한 사람이 아닙니다.

취조관 내가 한번 맞춰볼까?

일본이 곧 패망할 거라며 온순한 조선 학생들을 꾀어 독립운
동을 모의!

조선의 민족문화를 지키자며 조선어로 문예지 창간 시도!

아니야? (격양된 목소리로) 히라누마 도오쥬우![3]

윤동주 제 이름은 히라누마 도오쥬우가 아니라 윤동주입니다.
윤.동.주!

---

1 〈팔복(八福)〉 1940.12.(추정)

2 윤동주가 특고(사상범전담) 형사에 의해 연행된 날짜로 추정됨.

3 윤동주의 일본식 이름을 발음대로 적음.

취조관 원고를 집어 던지고 나가면⋯ 윤동주 급히 주워 본다. 저 멀리 초승달 보인다.

Music 2. 내가 잊었던 것들 (윤동주 솔로)

윤동주

어두운 이곳 서러운 이 밤

어디를 향해 나는 걸어가는가

누구를 위해 나는 살아가는가

힘겹게 버틴 오늘 밤이 지나고

차갑도록 날카로운 날이 밝으면

마지막 시가 끝이 나는 그 순간에

나는 이해할 수 있을까

내 시에 담았던

내가 말하고자 했던 삶의 의미를

타국의 시간 타인의 시선 속에

내가 잊었던 것들

기차 소리와 함께 '용정'⁴이라고 적힌 표지판이 있는 플랫폼이 환영처럼 보인다.

---

4   윤동주의 고향. 연변 용정. 룡정이라고도 표기한다.

윤동주가 시를 낭독하는 동안 조선 사람들이 환영처럼 나타났다 사라진다.

윤동주   정거장 플랫폼에
                   내렸을 때 아무도 없어.

                   다들 손님들뿐,
                   손님 같은 사람들뿐.

                   집집마다 간판이 없어
                   집 찾을 근심이 없어

                   빨갛게
                   파랗게
                   불붙는 문자도 없어

                   모퉁이마다
                   자애로운 헌 와사등에
                   불을 켜놓고,

                   손목을 잡으면
                   다들, 어진 사람들
                   다들, 어진 사람들

                   봄, 여름, 가을, 겨울

순서로 돌아들고.[5]

윤동주

힘겹게 버틴 오늘 밤이 지나고
차갑도록 날카로운 날이 밝으면
마지막 시가 끝이 나는 그 순간에
나는 이해할 수 있을까
내 시에 담았던
내가 말하고자 했던 삶의 의미를

타국의 시간 타인의 시선 속에
내가 잊었던 것들

멀리서 윤동주를 부르는 소리가 환영처럼 들려온다.

송몽규, 강처중   동주야! 동주야! 동주야!

윤동주가 고개를 돌리면… 송몽규와 강처중이 반갑게 손을 흔든다.
윤동주가 엷은 미소로 친구들의 부름에 화답하며 취조실을 나와 친구들
곁으로 달려간다.

윤동주   내 교우들… 몽규야… 처중아…

---

5 〈간판 없는 거리〉 1941년.

세 사람이 부르는 노래와 함께 이제 무대는 윤동주의 삶에서 가장 풍요로웠던 시기이자 가장 자유로웠던 시기로 기록된 경성, 연희 전문 문과 시절로 거슬러 올라간다.

윤동주, 송몽규, 강처중

세상이 우리에게 건넨 거친 농담을

어떻게든 웃어넘기려 했던 젊은 날을

한 줄 시로 담으려던 청년들의

잉크가 물들인 푸른 손을

누가 기억할까

새소리 들린다. 교정이다.

송몽규	동주야, 소식 들었어? 외솔 최현배 선생님 수업이 조만간 폐강될 거라네.
강처중	3차 교육령이 발표된 후로 모든 조선어 수업은 금지됐어. (전단을 보여주며) 그래서 이 사실을 우리 학보사 친구들과 함께 시민들에게 알리는 중이야.
윤동주	처중아, 너 이게 얼마나 위험한 건지는 알지?
송몽규	까짓것 잡혀가면 곧장 강제노역이나 지원병 신세지, 뭐.
윤동주	몽규야, 그렇게 가볍게 말할 게 아니야. 지금 저놈들은 무슨 이유를 대서라도 청년들을 전장으로 끌고 가려고 눈이 시뻘겋다고.
강처중	어떻게 하겠어. 그래도 할 건 해야지.

	언제 우리가 앞뒤 봐가며 인생 살았냐? 안 그러냐? 꼴통?
송몽규	꼴통은 내가 아니라, 얘지. (윤동주에게 장난을 치며) 아! 그나저나 오늘 날씨 정말 좋다! (사이) 서럽게.
강처중	분위기 잡지 마. 하나도 와닿지 않는 연기니까.
송몽규	아… 나는 애인도 없고.
윤동주	아… 그 말은 확 와닿는다…
송몽규	거봐. 얘가 매일 책만 보는 것 같아도 이렇게 숨은 반전이 있다니까?
윤동주	(딴청을 피며) "내 고향으로 날 보내주. 오곡백화가 만발하게…"
강처중	넌 허구한 날 그 노래냐?
강처중	(책을 빼앗으며) 설마 너같이 똑똑한 친구가 책 귀신이 되려는 거야?
윤동주	문학에도 공부가 필요하니까.
송몽규	온종일 책이나 뒤적거리면 그게 공부냐? 공염불이냐?
강처중	동주야! 우리 마음도 답답한데 전차 타고 경성 시내나 한 바퀴 돌아볼까?
송몽규	오~ 콧바람, 좋지!

Music 3. 경성 경성 (합창)

송몽규 / 강처중

경성. 어린 기생처럼 서투른 화장을 하는 경성

경성. 순한 촌부처럼 힘겨운 인생을 사는 경성

경성. 풀어야 할 청춘의 숙제

경성. 지켜야 할 조선의 영혼

무대는 우리말과 영어, 일본어 간판이 혼재된 경성의 거리가 된다.

단, 거리엔 아무도 없고 세 사람뿐이다.

송몽규   화려함 속에 억눌린 채 살아가는 사람들의 마음을 들여다보
         는 것!

강처중   그것이 시인의 첫걸음 아니겠어? 자, 걸어 봐. 이 경성 한복
         판을!

강처중

경성

그 거리를 골목을 광장을

우리 걸어보자

윤동주

경성

이 거리를 골목을 광장을

나는 걸어본다

송몽규 / 강처중

경성. 풀어야 할 청춘의 숙제

세 사람은 경성 거리를 걸으며 강처중이 가져온 전단을 벽보처럼 이곳저
곳에 붙인다.
가끔 돌아다니는 순사의 인기척에 몸을 숨기기도 한다.

세 사람

상처받지 않은 듯 아무렇지 않게
어두운 인생 같은 블랙커피 한잔 손에 들고
사라질 미래 같은 궐련 담배 하나 입에 물고

어디를 향해 우리 걸어가는가
누구를 위해 우리 살아가는가

경성

이 거리를 골목을 광장을
우린 걷고 있다

음악 신나게 변하며 한 번에 쏟아져 나오는 사람들.
자전거 소리, 전차 소리, 아이들 소리, 상인들의 외침과 함께 활기찬 경
성 거리가 된다.

경성 사람들

경성의 봄이 찾아오면 꽃이 피어나면
보아라 느껴라 즐겨라 이 경성을

천변길을 나와 광교 다리 앞에서 왼쪽으로 종로 네거리
오른쪽으로 일본인들의 거리 왜색 짙은 을지로 황금정
충무로로 이어지는 남대문통 맞은편으로 삼각정
관철동으로 이어지는 광교 뒤돌면 종로 네거리

남대문통과 안국동을 잇는 남북 전차 선로
동대문통과 서대문을 잇는 동서 전차 선로

차장
요금은 5전, 표 찍읍쇼!

세 사람
경성. 어린 기생처럼 서투른 화장을 하는 경성
경성. 순한 촌부처럼 힘겨운 인생을 사는 경성
경성. 지켜야 할 조선의 영혼

경성 사람들
(짧은 Dance sequence)
상처받지 않은 듯 아무렇지 않게
어두운 인생 같은 블랙커피 한잔 손에 들고
사라질 미래 같은 궐련 담배 하나 입에 물고

어디를 향해 우리 걸어가는가
누구를 위해 우리 살아가는가

경성
이 거리를 골목을 광장을
우린 걷고 있다

화려한 양산 번쩍거리는 황금 시계 차고
화신 백화점 상자 보란 듯 옆구리에 끼고
구겨진 모시 두루마기에 흰 고무신 신고
넘치는 맵시 파나마 모자 정수리에 쓰고
자유를 찾아 꽃다방으로!

경성의 봄이 찾아오면 꽃이 피어나면
보아라 느껴라 즐겨라 이 경성을

전차 도착한다. 전차의 출발 소리와 함께 음악이 느려지고 사람들도 느리게 움직인다. 윤동주 그들을 관찰하듯 바라보며 메모한다.

윤동주   나라 잃은 청년들, 가난한 백성, 미래가 없는 아이들에게 이
             경성의 화려함은 무얼까…

윤동주
불안한 마음 잊으려
화려하게 차려입은 사람들 속으로…
사람들 속으로…

이때, 녹색 치마를 입은 이선화를 발견하는 윤동주. 한동안 그녀를 바라본다.

윤동주

상처받지 않은 듯 아무렇지 않게

무심하게 무던히도 무심하게

너를 바라본다

윤동주   사람이 사람을 만나 기대는 시간은 얼마일까?

일 초! 단, 일 초면 충분하다.

삶에서 가장 찬란한 순간! 일 초!

송몽규   동주야!

몽규의 부름과 함께 전차 출발 소리 들리면 극의 진행 속도는 다시 정상으로 돌아온다.

세 사람 전차를 타면 음악, 다시 신나고 활기차게 변하며 (짧은 Dance sequence)

경성 사람들

천변길을 나와 광교 다리 앞에서 왼쪽으로 종로 네거리

오른쪽으로 일본인들의 거리 왜색 질은 을지로 황금정

충무로로 이어지는 남대문통 맞은편으로 삼각정

관철동으로 이어지는 광교 뒤돌면 종로 네거리

경성의 봄이 찾아오면
꽃이 피어나면
보아라 느껴라 즐겨라 이 경성을
보아라 느껴라 즐겨라 이 경성을

차장   (일어) 이번 정거장은 신촌, 신촌입니다!

신촌역에서 사람들이 한꺼번에 내린다.
윤동주는 멀어지는 이선화의 뒷모습을 한참 바라보고 서있다.

송몽규   야!

윤동주   아! 깜짝이야.

송몽규   너 누굴 목 빼고 그렇게 보냐? 저기 저 청록색 치마?

윤동주   아니야, 무슨… 그런 말도 안 되는…

송몽규   나 저 여학생 아는데.

윤동주   정말?

송몽규   거봐, 거봐. 얘가 얌전한 척하면서도 이렇게 의뭉한 구석이

              있다니까?

윤동주   됐어.

송몽규   곱긴 곱더라… 어느 학교 다니는 학생일까 나도 궁금하던

              데?

              설마 벌써 혼례를 올린 건 아니겠지?

강처중   난 정말 저 여학생 아는데.

윤동주, 송몽규   정말?

강처중	응. 저 여학생 이화여전에서 노래 공부한다던데?
송몽규	얼굴도 예쁜데 목소리까지 고우면 캬… 선녀네. 선녀.
	야, 내가 한 번 가서 당장 고백해 볼까?
강처중	그럼 내가 다리를 놓아줄까?
송몽규, 강처중	(장난스럽게) "내 고향으로 날 보내주. 오곡백화가 만발하게 피었고~"
윤동주	야! (둘이 놀라 보면 자신도 놀란 듯 당황하며) 학생이 공부해야지. 부모님께서 어렵게 학비를 보내주시고 그러는데… 너희는 참…
송몽규	거봐. 거봐. (강처중에게) 얘 수상하지?
강처중	수상한데…
윤동주	아니야.
송몽규	아니야? 아니면 정말 내가 가서 고백하고.
윤동주	(기어가는 목소리로) 그러던가…
송몽규	(의기소침해진 윤동주를 툭 치며) 동주야, 근데 난 싫다. 난 저런 모단 걸보다는 우리 어머니 같은 여자가 더 좋다. 처중이, 넌?
강처중	나? 무조건 손이 곱고 얼굴이 어여쁘고 체구가 아담한 여자. 동주 넌?
윤동주	나는 어떠한 여자를 아내로 삼든 반드시 불행하게 만들지 않을까?
송몽규, 강처중	에잇.
강처중	(시를 지어본다) "나이 찬 아들의 수컷 냄새 가득 밴 이불. 분 냄새 하나 없는 한 평짜리 초라한 자취방에서."

송몽규	"어머니는 종일 깔아놓은 채 제멋대로 놓인 이부자리와 베개를 바로 고쳐놓으셨다."
윤동주	"초저녁 눈치도 없이 고개 내민 초승달. 서슬 퍼런 낫이 되어 어머니의 쪼그라든 가슴을 베어놓는구나."
송몽규	"아, 서글프다. 조선에서 가난한 남자로 산다는 것." 안 그러냐?

Music 4. 아름다운 아가씨 (중창)

송몽규

아름다운 아가씨
나 그대에게만 온전히 머물지 못해도
나 그대 품에서 꿈꾸지 못해도
나의 꿈을 이해해 주오

윤동주

단지 여자라는 그 이유만으로
그대의 고운 꿈을 해하지는 않으리
나 그대의 꿈을 푸른 미래를 해치지는 않으리

강처중

그래도 내가 못 미덥다면 솔직히 말해주오
그럼 나 '안녕히'라고 말하고

사랑의 방랑자가 되어 떠나리

세 사람
그러면 그때는 알게 되겠지
나의 뜨거운 진심
그러면 그때는 이해하겠지
젊은 청년의 고민

사랑 앞에서조차 비겁할 수밖에 없었던
나, 송몽규
나, 강처중
나, 윤동주
조선 청년의 수줍은 고백을

그러면 그때는 알게 되겠지
나의 뜨거운 진심
그러면 그때는 이해하겠지
젊은 청년의 고민

사랑 앞에서조차 비겁할 수밖에 없었던
너, 송몽규
너, 강처중
너, 윤동주
조선 청년의 수줍은 고백을

세 사람 즐겁게 웃는데 정병욱이 허겁지겁 놀라 달려온다.

정병욱   큰일 났습니다. 형님!

송몽규   이 조선 땅의 큰일이야 매일 있지. 인사부터 해.

              얘가 네가 만나고 싶다고 노래 노래하던 동주 동주 윤동주다.

정병욱   (윤동주의 손을 덥석 잡고) 반갑습니다. 정병욱입니다.

윤동주   윤동주입니다.

강처중   이번에 새로 들어온 후배야. 자식 얼마나 싹싹한지 말이야.

              예뻐.

정병욱   평소 윤 형의 시를 읽으며 마음속으로 동경하고 있었습니다.

송몽규   야, 그건 너무 거창한 아부 아니야?

윤동주   그러게. 정식 신춘문예에 등단한 시인은 몽규야. 내가 아

              니라.

              난 그저 잡지랑 신문사에 가끔, 아주 가끔 시를 기고하는 정

              도라고.

송몽규   거봐. 거봐. 얘가 겸손한 것 같으면서도 자존심이 있다니

              까? (정병욱에게)

              정병욱이! 내가 장담하는데 아마 나중에 내 글을 보면 반할

              지도 몰라.

정병욱   거뭇거뭇한 사내들끼리… 반하긴… 누가 반한다고…

강처중   정병욱! 그나저나 오늘의 큰일은 뭐야?

장병욱   아! 내 정신 좀 봐. 지금 교정에 외솔 선생님을 잡으러 순사

              들이 쫙 깔렸습니다. 금지된 우리말 수업이 사학관 검열에

              걸린 모양이에요.

| 송몽규 | 배짱부리시며 우리말로 수업하실 때 내 이럴 줄 알았다니까. |
| 윤동주 | 가자. |

세 사람 놀라 교정으로 달려가면, 외솔 최현배 선생 보인다.

Music 5. 사라진 봄 (합창→솔로)

| 외솔 | 제군들. 우리가 비록 저들에게서 나라를 되찾는 일이 쉽지 않겠지만, 우리글과 말은 지켜낼 수 있습니다. 나라말을 모르는 백성은 죽은 목숨입니다. 전장에 나가 목숨을 잃는 것이 두려운 게 아니라 정신을 빼앗기는 것이 난 더 무섭습니다. |

연전 학생들
봄 처녀 사랑을 이야기하는 이 봄
너는 아느냐?
조선에는 언젠가부터 봄이 사라졌다는 것을

교정 곳곳에 핀 무궁화[6]
누구의 눈치를 보고 숨어있나
거리 곳곳에 핀 벚꽃은
누구의 허락을 받고 피어났나

---

6 당시 연희 교정에는 무궁화가 많이 피어있었다고 전해진다.

외솔	내가 끝까지 우리말로 수업하는 것도 우리 국어를 깨닫게 하려는 것입니다. 우리 동포들은 거의 까막눈입니다. 제군들이 방학이 되어 고향에 가거든 야학을 통해 아이들에게 우리 글을 가르치고 우리말을 알려줘야 합니다.

우리 꽃 무궁화
태어날 때는 이방인이었으나
주인 되어 만개할 그날은 반드시 오리라

외솔	제군들이여! 이 교정의 지성은 아직 눈으로 덮여있고 교과서의 지식은 아직 어둠에 묻혀있습니다!

이 교정의 지성은 아직 눈으로 덮여있고
교과서의 지식은 아직 어둠에 묻혀있네

외솔	우리가 가야 할 길이 비록 어두워 보이지 않아도 우리는 서럽도록 시린 길을 먼저 걸어가야 합니다!

우리가 가야 할 길 비록 어두워 보이지 않아도
우리는 서럽도록 시린 길을 먼저 가야만 하네

외솔	'계몽'이야말로 가장 훌륭한 독립운동입니다.
순사 부장	연행해!

일본 순사들이 외솔 선생을 에둘러 선다. 윤동주와 연희 학생들이 외솔 선생님의 이름을 부르며 달려들지만, 외솔 선생은 손으로 다가오려는 학생들을 저지한다.

외솔

너는 아느냐? 너는 아느냐?

연전 학생들

조선에는 언젠가부터 봄이 사라졌다는 것을

외솔

너는 아느냐?

연전 학생들

조선에는 언젠가부터 봄이 사라졌다는 것을

외솔 선생이 자진해서 담담하게 걸어 나선다. 외솔 선생이 순사들에게 잡혀 포박당한 채 끌려가고, 윤동주는 이를 무기력하게 지켜볼 수밖에 없음에 좌절한다.

윤동주

세상이 우리에게 건넨 거친 농담을
어떻게든 웃어넘기려 했던 젊은 날들
한 줄 시로 담고자 했던 나의 꿈이

부끄러운 고백이 될 줄이야
누가 알았을까

아랫입술을 질끈 물고
서러운 눈물 삼키고
두 주먹을 불끈 쥐어 본다
쥐어 본다

윤동주와 친구들을 필두로 교정을 뛰쳐나간다.
신촌역의 철길과 담이 나타나면 학생들은 바리케이드를 넘듯 신촌 철길
을 넘어간다.

연전 학생들
봄 처녀 사랑을 이야기하는 이 봄
너는 아느냐? (윤동주_너는 아느냐)
조선에는 언젠가부터 봄이 사라졌다는 것을
(윤동주_사라졌다는 것을)
우리 꽃 무궁화
태어날 때는 이방인이었으나
주인 되어 만개할 그날은 반드시 오리라
반드시 반드시 오리라

윤동주   종로 경찰서로 갑시다!
학생들   갑시다!

잠시 후 음악이 멈추면… 교회 종소리와 함께 어두워진 신촌의 거리가 된다.
종로 경찰서에서 해산하여 되돌아오는 학생들. 지친 듯, 몇몇은 다친 듯
보인다.
윤동주는 그들을 앞장서 보내고 노을에 걸린 교회 첨탑 십자가를 보고
멈춰 선다.

윤동주   (답답한데) 이제 이 교정에서 우리말 수업은 더 이상 들을 수
               없습니다.
               아이들이 자라면 이제 우리글로 쓰인 책도 사라지고 우리
               말로 조잘대는 아이들의 수다 소리도 들을 수 없겠지요.

이선화가 윤동주를 발견하고 멈춰서 그의 모습을 바라보고 있다.
윤동주 〈십자가〉를 읊으며 이선화 역시 감정이 요동친다.

윤동주   쫓아오던 햇빛인데
               지금 교회당 꼭대기
               십자가에 걸리었습니다.

               첨탑이 저렇게도 높은데
               어떻게 올라갈 수 있을까요.

               종소리도 들려오지 않는데
               휘파람이나 불며 서성거리다가,
               괴로왔던 사나이,

행복한 예수 그리스도에게처럼

십자가가 허락된다면

모가지를 드리우고

꽃처럼 피어나는 피를

어두워가는 하늘 밑에

조용히 흘리겠습니다.[7]

이선화   윤동주, 맞지요?

윤동주, 낯선 여자의 목소리에 놀라 돌아보면 현실로 돌아온다.

이선화가 윤동주를 바라보고 서있다.

윤동주

그날 경성 거리에서 마주친 너

어렴풋이 봤던 얼굴 잊을까

밤마다 수십 번도 더 떠올린 네 얼굴

이선화   윤동주 맞지요?

윤동주   …… 어떻게 제 이름을…

이선화   여기 조선에 동주 씨의 시를 읽지 않은 여학생이 어디 있겠

         어요.

---

7 〈십자가〉 1941.5.31.

이선화 책을 펴서 윤동주의 시를 읽는다.

이선화   〈아우의 인상화〉

               붉은 이마에 싸늘한 달이 서리어
               아우의 얼굴은 슬픈 그림이다.

               발걸음을 멈추어
               살그머니 애딘 손을 잡으며
               "너는 자라 무엇이 되려니"

윤동주   "사람이 되지"
이선화   아우의 설운 진정코 설운 대답이다.

               슬며-시 잡았던 손을 놓고
               아우의 얼굴을 다시 들여다본다.

               싸늘한 달이 붉은 이마에 젖어,
               아우의 얼굴은…

윤동주, 이선화   …슬픈 그림이다.[8]

---

8 〈아우의 인상화〉 1938.9.15.(조선일보 1938년 10월 17일 자에 발표)

이선화	사람이 사람답게 살지 못하는 시대죠.
윤동주	이 시국에, 선생님이 잡혀가시고 동료가 전쟁터로 끌려 나가는 이 시국에… 한가롭게 책에 기대있는 제 모습이 창피하기만 합니다.
	무엇을 어떻게 해야 할지 모르는 저 자신이 한심하기만 합니다.
이선화	시를 써야죠. 우리말로 된 아름다운 시.
윤동주	이 시대에 '시'라니요? 아우성보다 못한 '시'.
	강아지의 신음보다 조악한 '시'…
	이름 석 자도 지킬 수 없는데…
	'시'라는 말… 우스워요.
	어쩌면 난 세상을 향해 욕을 하고 싶었는지도 몰라요.
	거친 말들을 한바탕 쏟아낼 용기가 없어서…
	아름다운 말 속에 숨겼는지도 모르죠.
이선화	우리들은 주문이 필요했는지도 몰라요.
	이 시대에 우리를 붙잡아 줄 든든한 밧줄 같은 '시'.
	제겐 그게 동주 씨의 시였어요.
	'시'는 창피한 게 아니에요. 동주 씨가 시인임을 부끄러워하지 마세요.

Music 6. 얼마나 좋을까 (듀엣)

이선화

시 밤마다 몇 번이고 읽었던 시

메마른 이 세상 단비 같았던
너의 시에 얼마나 고마웠는지

윤동주
시 밤새워 몇 번이고 고쳐 쓴 시
착한 시 한 줄 쓰고 싶었던 내 마음이
작은 욕심이었는지

어느새 달이 떠 두 사람을 비춘다.

이선화
너의 시들을 언젠가 내가 노래한다면
너에게 작은 위로 되었으면
그랬으면

윤동주
시 밤새워 몇 번이고 고쳐 쓴 시
뉘우침 없는 세상에 실망하며 쓴 시
바위 같은 고통
지울 수 없어 / 지우지 못해

단 한 순간이라도
세상 모든 것들이
나만의 시가 되면 좋을 텐데

함께

매일 시와 함께 / 시를 얘기하며

숨 쉴 수 있다면 얼마나 행복할까

오늘, 이 순간이 마지막인 것처럼

너에게 말한다

나 먼 훗날 자유로운 날이 온다면

너와 함께 웃으며 숨 쉬며 살아가리

그렇게

그 세상에 살고 싶다

너와 시와 함께

전투기 소리에 두 사람이 근심 어린 얼굴로 하늘을 쳐다보면 멀리서 군가가 들려온다.

Music 7. 가미카제 (합창)

이제 무대 뒤로 가미카제 군인들이 일렬로 앉아있다. 사이사이 어린 군인도 보인다.

일본 청년들

태양이 화창한 날 후회 없으리

아름답고 훌륭하게 사라지리라

길거리 돌멩이처럼 구르느니

차라리 부서지자, 벚꽃 잎처럼

욱일승천기 매달고 다 함께 가자

벚꽃 잎 하나 곱게 띄워 술 한 잔 받아라

오늘은 내 차례다 나 먼저 간다

죽는 것은 다르지만 겁내지 마라

(일어) 만세! 만세!

가미카제 군인들이 고함을 내지르며 무대에서 사라지면…
이제 무대는 경성 광장이 되고, 간사는 확성기를 통해 목 놓아 학생들을
선동한다.
위의 군가는 계속 BGM로 흘러나온다.

간사   제군들이여, 제군들이여!

             이제야 기다리고 기다리던 징병제라는 커다란 감격이 왔습
             니다.

             우리가 충실한 황국신민이 된다는 것, 천황에의 충성은 절
             대적인 조선의 목표입니다.

             이는 만주인이나 중화민족에게는 허락되지 않는 조선인만
             의 특권입니다.

             내선일체 사상을 원한다고 해서 누구나 모방할 수는 도저히
             없습니다.

다행히 이제 우리에게도 황국신민으로서 책임을 다할 기회가 왔고,

그 책임을 다함으로써 진정한 영광을 누리게 될 것입니다.

이 얼마나 황송한 일입니까.

이 감격을 저버리지 않고 우리에게 내려진 책임을 다하기 위하여

온갖 노력을 다합시다! (일어) 천황 폐하 만세! 만세!

광장의 분위기는 더 고조되고, 간사의 목소리는 점점 작아지며 행동만 보인다. 억지로 군가를 따라 부르는 학도병들의 떨리는 심정이, 반주가 없어서인지 온전히 전해진다.

일본 군인들과 징집 학도병들
야스쿠니 신사에서 다시 만나자
그때는 봉우리 벚꽃도 활짝 피겠지

태양이 화창한 날 후회 없으리
아름답고 훌륭하게 사라지리라

내일은 네 차례다 나 먼저 간다
죽는 것은 다르지만 겁내지 마라

야스쿠니 신사에서 다시 만나자
그때는 봉우리 벚꽃도 활짝 피겠지

송몽규	조선문인협회 간사라는 자가, 제 나라 청년의 목숨값을 군수 물자로 정도로 취급하다니… 더러운 놈…

정병욱, 두 사람을 급히 찾은 듯 가쁜 숨을 쉰다.

정병욱	윤 형, 송 형. 두 분 온종일 찾았어요. 큰일 났어요.
송몽규	조선 땅의 큰일이야 매일 있지. 오늘의 큰일은 뭔데?
정병욱	강 형이 경성역 앞에서 학생들을 모아 시위하고 있어요.
윤동주	처중이가 시위를? 왜?
정병욱	오늘 <문우>지의 폐간 결정이 떨어졌대요. 강 형이 문과대 학생들을 모아 교정에서 시위하고 대학가에 호외까지 뿌린 모양이에요.
송몽규	아, 분위기도 안 좋은데 하필… 처중이가 사건을 크게 치는 구나. 가자!

음악의 전주가 흐르면서 무대는 명동으로 자연스럽게 바뀐다.

Music 8. 총 대신 주어진 연필로 (솔로→합창)

강처중	우리 연희인은 이번 <문우>지의 폐간 결정에 공분을 감출 길이 없다. 우리는 기독교 정신을 탄압하고, 황국신민을 양성하는 것을 목적으로 하는 교육을 거부한다! 우리말과 우리글을 탄압하고 조선일보와 동아일보를 강제 폐간해 민족정신과 민족교

육을 말살하려는 일본의 지침을 강력히 규탄한다!

시민, 학생들   옳소!

강처중

경성의 오늘

이제는 누구도 조국을 위해 노래할 수 없어

일본식 음악이 장악한 거리들

연애 잡지로 한가득 채운 서점

일본 간판 가득한

인력거가 오가는 복잡한 명동 거리

이 땅에서 자유롭게 지저귀는 건

손에 잡히지 않는 새들뿐

처참한 현실에

용기 내어 목소리를 내본다

군복 대신 주어진 교복을 입고

총 대신 주어진 연필로

강처중   그뿐만 아니라, 연희의 정신이 어린 교가를 금지하고
원한경 교장선생님께 강제 퇴직을 권고한 것을 사죄하고
선교사들의 강제 송환을 즉시 중단하라!

학생들

(중단하라!) 어린 학생의 서글픈 교가일지라도

(규탄한다!) 서툰 문인의 어설픈 사상일지라도

우리 모두가 써 내려간 글자

우리 모두 외쳐보는 구호

한 사람 한 사람의

가슴에 새겨지는 뜨거운 열정의 문장이 되어

조선의 부모 형제 교우들을 불러보리라

처참한 현실에 목소리를

암울한 세상에 용기를 내자

군복 대신 주어진 교복을 입고

총 대신 주어진 연필로

학생들의 노래가 끝나기 전에 허공 어딘가에서 여러 발의 총소리 들린다. 놀란 시민 흩어지고, 학생들도 서둘러 몸을 피한다. 쫓고 쫓기는 시위대와 순사들의 모습 긴박하다.

송몽규   동주는?

정병욱   모르겠어요.

총소리 점점 커진다. 일본 순사들이 부는 호루라기 소리 요란한데…

일본 순사   골목골목 다 뒤져서라도 모두 잡아들여!

세트가 한 바퀴 돌면 명동의 어둑한 뒷골목이다.

윤동주가 팔을 다친 강처중을 부축해 온다.

송몽규   괜찮아?

강처중   어. 가볍게 스쳤어.

정병욱   피가 많이 나는데요?

송몽규, 정병욱이 숨어 망을 보고 있다. 달이 뜬다.

송몽규   (강처중에게) 내 사고 칠 줄 알았다. 이제 어쩔 거야?

강처중   어쩌기는… 날이 밝으면 일단 고향으로 내려가야지.

송몽규   네 고향 집에도 분명 내일이면 놈들이 깔릴 거야.

정병욱   어디 멀리 가는 게 좋을 텐데…

윤동주   …… 북간도! (주소를 쓴다)

강처중   북간도?

송몽규   그래, 좋은 생각이다.

윤동주   당분간 우리 집으로 가있어. 거긴, 일본 놈들 감시가 한결

           덜하니 안전할 거야.

송몽규   그래, 그게 좋겠다.

윤동주   (쪽지를 건네며) 우리 집 주소야.

송몽규   그래, 그게 좋겠다.

정병욱   여기가 안정되면 제가 편지로 알려드릴게요.

송몽규   쉿!

감시 불빛이 여기저기 지나간다. 모두 잠시 숨을 죽인다.

무대에는 벌레 소리조차 들리지 않는 무서운 정적 속에 달만 외롭게 떠
있다.

송몽규   갔어.

윤동주   처중아… 미안하다. 넌 이리 저항하는데… 부끄럽다.

강처중   그게 무슨 말이야. 부끄럽다니.

윤동주   일본에 가려면 도항증명서를 받아야 하는데 창씨개명을 안
             하면 안 된다네. 후에 일본 학교 입학도 문제도 있고 해서…

분위기가 무거워진다.

강처중   몽규, 넌? 도항증명서 받았어?

송몽규   나도 아직…

윤동주   사는 게 너무 부끄럽다…

강처중, 고개 숙인 윤동주의 손을 가만히 잡아준다.

강처중   동주야. 누구도 자기 맘대로 인생을 사는 사람은 없어.
             한 번 물러섬을 배우면 또 물러서야 해. 배울 수 있을 때 배워.
             앞으로 조선인에게 교육 기회는 점점 더 적어질 거야.
             우리에게도 지성과 지식을 겸비한 지도자가 필요해. 무슨
             말인 줄 알지?

윤동주   (말없이 고개를 끄덕이면)

정병욱	이름을 개명해도 그건 종이에 적힌 것뿐, 윤 형은 변함없을 거예요.
강처중	맞아. 우린 널 윤동주로 기억할 거야. 몽규, 너도 마찬가지고…
송몽규	미안하다, 처중아.
강처중	(윤동주에게) 넌 너답게, 난 나답게. 우리!
정병욱	꼴통들처럼요!

쓴웃음 하나로 서로의 마음을 이해하고 서로를 도닥이며 위로한다.

Music 9. 누가 기억할까 (윤동주, 네 친구)

윤동주 / 송몽규

부끄러운 고백이지만

빼앗길 이름이 서러워

언젠가는 다시 찾겠지

네가 불러주던 나의 이름을

아침이 밝아온다.

증기를 뿜으며 기차가 도착하는 소리와 함께 플랫폼에 인파가 몰려든다.

네 사람

세상이 우리에게 건넨 거친 농담을

어떻게든 웃어넘기려 했던 젊은 날을

한 줄 시로 담으려던 청년들의

잉크가 물들인 푸른 손을

누가 기억할까

무대는 이제 경성역이다.

강처중	이 형님, 간다!
윤동주	처중아, 이게 내가 가진 전부야. 미안해. (돈을 쥐여준다)
	꼭 도움이 됐으면 좋겠다.
송몽규	거봐, 거봐. 또 혼자만 멋져지려 한다니까?
정병욱	(돈을 건넨다) 저도 뒤질 수는 없죠. 받으세요. 제 마음이에요.
송몽규	야!

송몽규는 무심하게 돈을 건네고 강처중은 그런 그를 안아준다. 포옹 뜨거워진다.

Music 10. (R) 사라진 봄 (합창)

강처중	웃어, 인마. 그런 게 너다워…
송몽규	가서 제발 당분간만이라도 잠자코 살아.
	이번에 사고 치면 이제 중국행이다. 알지?
강처중	그래도 할 건 해야지. 언제 우리가 앞뒤 봐가며 인생 살았냐?
	안 그러냐? 꼴통?
송몽규	꼴통은 내가 아니라, 얘라니까.

윤동주	(책을 건넨다) 가면서 읽어.
강처중	릴케?
정병욱	와~ 역시… 윤 형이시네요.
송몽규	거봐, 거봐. 또 자기만 멋있어져요.
강처중	우리 반드시 다시 만나자!
윤동주	그래, 그러자.
정병욱	왜 이래요. 마치 죽을 사람들처럼.

기차역 사람들
우리 꽃 무궁화
태어날 때는 비록 이방인이었으나
주인 되어 만개할 그날은 반드시 오리라

[윤동주]	살아서 만나자.
[강처중]	그러자.

이 교정의 지성은 아직 눈으로 덮여있고
교과서의 지식은 아직 어둠에 묻혀있네

서로 마지막인 것처럼 서로 진하게 포옹하고 격려한다. 강처중 기차를
탄다.

우리가 가야 할 길 비록 어두워 보이지 않아도
우리는 서럽도록 시린 길을 먼저 가야만 하네

윤동주 / 송몽규 / 정병욱
너는 아느냐?

사람들
조선에는 언젠가부터 봄이 사라졌다는 것을
강처중
너는 아느냐?

사람들
조선에는 언젠가부터 봄이 사라졌다는 것을

강처중   간다!

기차 출발을 알리는 기적 소리 내며 흰 연기를 뿜어낸다. 기차 출발한다.

강처중   동주야, 진짜 듣고 싶다. 네 시!

모든 소리가 MUTE 되면서 무대 위 모든 움직임이 정지된다.
윤동주 홀로 시를 읊는다.

윤동주   죽는 날까지 하늘을 우러러
              한 점 부끄럼이 없기를,
              잎새에 이는 바람에도
              나는 괴로워했다.

별을 노래하는 마음으로

모든 죽어가는 것을 사랑해야지.

그리고 나한테 주어진 길을

걸어가야겠다.

오늘 밤에도 별이 바람에 스치운다.[9]

시가 끝나는 동시에 기적소리 고막을 찢을 듯 들리며,
Music 11의 전주와 함께 강처중이 탄 기차가 (앞 장면의 연속) 달리며 사
라진다.

Music 11. 시를 쓴다는 것 (삼중창)

함께
시는 나에게 무엇인가
시는 나에게 너에게 무엇인가

윤동주
시를 쓴다는 것
친구를 보내는 것

송몽규
시를 쓴다는 것

---

9 〈무제〉1941.11.20. - 훗날 〈서시〉라는 제목으로 널리 알려짐.

아픔을 느끼는 것

정병욱

시를 쓴다는 것

청춘을 바치는 것

세 사람

친구의 시

아픔의 시

청춘의 시

시를 쓴다는 것

시는 우리에게 무엇인가

묻는 사람 하나 없어도

자꾸 되풀이되는 말

시는 나에게 무엇인가

시는 우리에게 무엇인가

아픔을 배우고

청춘을 바치고 써 내려간

시는 나에게 너에게 무엇인가

윤동주　　　시인이란 슬픈 천명인 줄 알면서도 한 줄 시를 적어볼까.

등불을 밝혀 어둠을 조금 내몰고,

시대처럼 올 아침을 기다리는 최후의 나 그리고 우리…[10]

시를 쓴다는 것

시는 우리에게 무엇인가

묻는 사람 하나 없어도

자꾸 되풀이되는 말

시는 나에게 무엇인가

시는 우리에게 무엇인가

아픔을 배우고

청춘을 바치고 써 내려간

시는 나에게 너에게 무엇인가

시는 우리에게 무엇인가

후주가 흐르는 사이. 무대는 일본으로 가려는 사람들로 가득한 부산항으로 바뀐다.

큰 배가 정박되어 있다. 도항증명서와 신분증을 검사하는 순사도 보인다.

윤동주　　　　　(가방에서 시집을 두 권 꺼내 준다) 이건 내가 밤새 옮겨 적은 내 시야.

한 권은 이양하 선생님께 드렸고 하나는 자네가 잘 보관해 줘.

만약에 혹시라도 내게 일본에서 무슨 일 생기면…

---

10 〈쉽게 씨워진 詩〉 1942년 6월 - 일부를 발췌해 편집하여 대사로 사용함을 밝힙니다.

정병욱	무슨 일이 생기다니요… 그런 말은 하지도 마세요.
	이건 제가 잘 간직하고 있을게요.

이선화가 먹을 것을 사 들고 온다.

이선화	동주 씨, 주전부리 좀 샀어요.
	가시면서 드세요.
정병욱	맛있겠다.
윤동주	고마워요.
정병욱	(진지하게 시집을 보면서) 윤 형, 근데 시집 제목이 없네요?
윤동주	어. 아직 고민 중이야.
정병욱	냄새 좋다. 그나저나 윤 형을 가장 잘 표현하는 제목이어야
	하는데…
송몽규	그러게~ 가장 윤동주다운 제목이 뭘까?
	병욱아! 너 잠깐만 이리 와. 병욱아? 여긴 제목이 없고, 너
	는 눈치가 없네?

그제야 정병욱은 눈치채고 능청을 떨며 슬그머니 자리를 피해준다.

이선화	저… 이제 화내도 돼요? 아무것도 묻지 않고 아무런 대답도
	없이 떠나려는 동주 씨에게 나, 화낼 자격 있느냐고 묻는 거
	예요. (윤동주 보면)
	화낼 자격이 있으면 저는 동주 씨를 기다려야 하고 아니면
	시집가게요.

윤동주	아, 그게…
이선화	긴 여행 무료할 텐데 가시면서 천천히 생각해 보세요.
	그리고 편지로 답 주세요. 아, 그리고 이건… 제 성경책이에요.
	항상 지니고 목마를 때면 기도하세요.
윤동주	이젠 구하기도 쉽지 않을 텐데요.
이선화	지금은 동주 씨한테 더 필요하니까요.
	그리고 성경책이 제 옆에 있으면 동주 씨 욕을 못 하잖아요.
윤동주	미안해요. 그리고 그때 그 말. 정말 고마웠어요.
	'시는 창피한 게 아니다. 시인임을 부끄러워하지 마라.'
	잊지 않을게요. 그 말…

이선화가 윤동주의 손을 잡아준다. 윤동주도 이선화의 손을 잡아준다.

Music 12. (R) 얼마나 좋을까 (듀엣)

단 한 순간이라도

세상 모든 것들이

나만의 시가 되면 좋을 텐데

매일 시와 함께 / 시를 얘기하며

숨 쉴 수 있다면 얼마나 행복할까

오늘, 이 순간이 마지막인 것처럼

너에게 말한다

송몽규	동주야!
승무원	히라누마 도오쥬우!
정병욱	윤 형! 빨리요!

윤동주가 승선하려다 다시 달려와 이선화의 손을 잡는다.

나 먼 훗날 자유로운 날이 온다면
너와 함께 웃으며 숨 쉬며 살아가리
그렇게
그 세상에 살고 싶다
너와 시와 함께

이선화	기다릴게요.
윤동주	반드시. 반드시. 다시 돌아올게요!

갈매기, 뱃고동 소리 들려오고, 윤동주와 송몽규, 배 위에서 손을 흔든다.

송몽규	동주야!
정병욱	(다급히 외친다) 윤 형! (윤동주 보면) 시집 제목이요!
윤동주	하늘과… 바람과… 별.
	(정병욱에게) <하늘과 바람과 별과 시> 어때?
정병욱	하늘과 바람과 별과 시… 가장 윤동주다운 제목…
송몽규	좋은데?
정병욱	좋아요! (정병욱 손을 크게 들어 좋다는 표시를 한다)

그럼, 그 제목으로 정한 거예요!

윤동주   하늘과 바람과 별을 노래하는 시인…

난 히라누마 도오쥬우가 아니라 윤동주다.

대합창

나 먼 훗날 자유로운 날이 온다면

너와 함께 웃으며 숨 쉬며 살아가리

그렇게

그 세상에 살고 싶다

너와 시와 함께

함께-

새 출발을 알리는 뱃고동 소리 들리면 무대 어두워진다.

제
2
막

취조실 외등의 불이 껌뻑거리며 들어오면 다시 취조실이다.

친구들의 웃음소리, 어머니의 목소리, 기차 소리, 새 지저귀는 소리, 경
성의 복잡한 시내 소리, 1막의 수많은 이야기를 대변하듯 소리들이 복잡
하게 섞여 들려온다.

음악 시작되면…

윤동주   〈참회록〉

              파란 녹이 낀 구리 거울 속에
              내 얼굴이 남아 있는 것은
              어느 왕조(王朝)의 유물(遺物)이기에
              이다지도 욕될까.

              나는 나의 참회(懺悔)의 글을 한 줄에 주리자.

만 이십사 년(滿二十四年) 일 개월(一個月)을
무슨 기쁨을 바라 살아 왔던가.

내일이나 모레나 그 어느 즐거운 날에
나는 또 한 줄의 참회록(懺悔錄)을 써야 한다.

그 때 그 젊은 나이에
왜 그런 부끄러운 고백을 했든가.

밤이면 밤마다 나의 거울을
손바닥으로 발바닥으로 닦아 보자.

그러면 어느 운석(隕石) 밑으로 홀로 걸어가는
슬픈 사람의 뒷모양이
거울 속에 나타나 온다[1]

치안경감   (목소리) 불온선인 히라누마 도오쥬우. (취조실의 문이 열린다)
             치안유지법 제5조, 조선 독립운동 협의로 경도 지방 재판소
             로 이송한다!

취조실의 문이 열리면 빛이 쏟아진다.
윤동주는 자리에서 일어나 빛을 향해 천천히, 아주 천천히 걸어간다.

---

1 〈참회록〉 1942.1.24.

Music 13. 낯선 플랫폼 (윤동주 솔로)

시간은 거슬러 올라가 일본어로 동경역을 알리는 안내 방송 들린다.
기차 도착하는 소리와 함께 윤동주는 큰 여행 가방을 들고 자연스럽게
동경역 앞에 선다.

윤동주   낯선 이름… 익숙한 괴로움…

            그리고 적의 나라 일본… 그들의 심장부 동경…

윤동주
흘러가는 시간 흘려듣는 얘기
정차할 역이 없는 것처럼
어디론가 질주하는 저 기차는
안갯속으로 잠긴 이 시대에
전쟁에 지친 가련한 이들 싣고
사람들의 애탄 사연을 하얗게 증발시키며
무심히 도시를 빠져나가네

모이를 쫓는 비둘기처럼
정신없는 동경의 사람들

나는 참회하는 마음으로
오지 않을 사람을 기다리듯
온종일 플랫폼을 서성인다

여기, 동경의 낯선 플랫폼에서

윤동주   그렇게 1943년, 동경의 봄은 내 심경만큼이나 어지러웠고
         사람들은 출구도 없이 동으로 서로 남으로 북으로 몰려다닙
         니다.
         몽규도 저도 그들만큼이나 혼란스러웠고…
         그렇게 봄은 전쟁 속에서도 익어갔고, 서러운 냄새가 납니다.

일본어 간판으로 가득 찬 동경역 주변. 윤동주 잠시 서서 이방인처럼 그
들을 바라보는데, 호외가 뿌려지고 윤동주 호외를 받아 든다.

Music 14. 전쟁 전쟁 (합창)

신문팔이   호외요! 호외요!
         야마모토 이소로쿠가 죽었대. 호외요, 호외!
시민2   사령장관 야마모토 이소로쿠가 죽었대.

         전쟁 전쟁 전쟁 전쟁
         온 국민이 제식 훈련
         전쟁 전쟁 전쟁 전쟁
         하루가 다르게 변하는 전쟁
         전쟁 전쟁 전쟁 전쟁
         온 국민이 사무라이처럼 강하게

송몽규	동주야! 동주야, 지금 거리에서 받아 든 호외야.
	사령장관 야마모토 이소로쿠가 죽었대!
백인준	자네가 윤동주구먼. 이 친구한테 얘기는 많이 들었네. 나는
	백인준.
윤동주	반갑습니다.
백인준	이 친구는 장성언.
윤동주	반갑습니다.
장성언	반가워. 그리고 이 혼란의 동경에 온 걸 환영해.
백인준	몽규와 친구면 우리와도 친구니까 어려워 말고 허물없이 지
	내자.
장성언	자, 우리 집으로 가자!

아이들도 허리에 목칼 차고
스님들도 어깨에 총을 메고
부녀자도 양손에 죽창 들고

아이들을 낳아라
우량아로 키워 황국에 바쳐라

백인준	그나저나 연합함대 사령장관이 죽었으니 이제 일본군은 소
	리 없이 가라앉겠군.
장성언	연일 승승장구한다지만, 일본은 이미 패망의 길을 걷고 있
	는 게 분명해.
백인준	물량으로는 일본이 밀릴 수밖에 없지.

송몽규 궁지에 몰리긴 한 것 같아. 후배가 편지를 보내왔는데, 일본이 조선 청년들을 닥치는 대로 끌고 가고 있대. 할당제라고 마을에서 무조건 차출해 가는 모양이야. 조선의 처녀들도 보국 정신대로 끌려가고 있고…

윤동주 천하의 몹쓸 인간들…

사찰의 종들도 / 엄마의 다리미
누나의 머리핀 / 아이의 자전거
아버지의 동전도 / 모두 공출되어
적진의 하늘을 나른다
전장을 누빈다

남자들은 군대로 / 공원을 논밭으로
여자들은 공장에 / 사찰을 땔감으로
아이들은 논밭으로 / 학교를 공장으로

백인준 봐봐! 동경, 요코하마, 가와사키, 나고야, 고베까지. 어제보다 더 거침없는 연합군의 공습이야. 이제 일본도 패망의 길을 걷기 시작했다고!

일본 아이
매일 국가에 목숨을 바치는
다짐으로 충성의 서약
흰 쌀밥 도시락 가운데 박힌 우메보시 하나

점심으로 먹는다
결의를 먹는다

합창

목숨을 바쳐서 나라를 구한다
천황을 섬긴다
구호들을 내걸고서 성조기를 밟고 가자
허수아비 영국 수상, 죽창으로 찌르고 가자

(목소리) "우리는 공격을 중지하지 않을 것이다."

청년들의 피 값만큼 연합군에 저주를
아녀자의 고통만큼 서양 놈에게 죽음을

후지산이 굽어본다
황국의 영광을 지켜본다

네 사람은 탁자에 앉아 본격적으로 격렬한 토론을 한다.

백인준	자, 이제 우리도 움직여야 할 때야. 안 그래?
	동주, 네 생각은 어때?
윤동주	어… 우린 한 세대가 청년이 되도록 조선어로 생각하고 말
	하는 것까지 감시받으며 너무 오랜 시간 억압받았어.
	당장 비분강개하여 총칼을 들고 나서겠다고 흥분하는 것보

다 중요한 건, 민족의식을 고취하는 일이 가장 시급해.

지금 여기서 우리가 할 수 있는 가장 현실적인 일은 문예지를 만들거나 글을 발표해서 일본 내 조선 유학생들을 결집하는 거야.

백인준   일본의 패망은 확실하다니까. 교류와 공감?

오늘도 전장에 나가 죽어가는 조선 청년들의 한은?

저들은 피도 눈물도 없이 우리를 이용하는데…

조선 처녀들까지 전장으로 끌고 가는데!

장성언   진정해!

전쟁 전쟁 전쟁 전쟁

온 국민이 제식 훈련

전쟁 전쟁 전쟁 전쟁

하루가 다르게 변하는 전쟁

백인준   넌 기껏 하는 말이 한가롭게 문집이나 펴내자고? 시나 쓰시겠다고!

장성언   그만해. 그렇게 목소리 높여 싸우다간 다 잡혀가.

백인준   솔직해지자, 우리. 싸우자니 두려운 거 아니야?

이건 아니라고 말은 하면서도 속으로는 두려운 거잖아. 아니야?

윤동주   넌, 넌! 넌 정말 두렵지 않다고 말할 수 있어?

백인준   ……

윤동주   너도 두려워서 목소리를 높이는 거야. 도망가고 싶은데 더

는 도망갈 수 없어서. 양심에서 자유로워지고 싶어서. 더 큰
소리로 더 큰 소리로…
어차피 들리지도 않을 테니, 더 큰 소리로!

백인준　야! 윤동주! (싸우려고 달려드는데…)

장성언　(백인준을 말리며) 다들 그만해.

송몽규　동주야, 그만해. 나가자.

전쟁 전쟁 전쟁 전쟁

온 국민이 제식 훈련

전쟁 전쟁 전쟁 전쟁

하루가 다르게 변하는 전쟁

전쟁 전쟁 전쟁 전쟁

온 국민이 사무라이처럼 강하게

(소리) 곧 폭격이 시작된다. 방공호를 만들어서 반공 훈련에 참여하라!

매일 국가에 목숨을 바치는

다짐으로 충성의 서약

흰 쌀밥 도시락 가운데 박힌 우메보시 하나

점심으로 먹는다

결의를 먹는다

목숨을 바쳐서 나라를 구한다

천황을 섬긴다

구호들을 내걸고서 성조기를 밟고 가자
허수아비 영국 수상 죽창으로 찌르고 가자

(목소리_일본어) "우리는 공격을 중지하지 않을 것이다."

청년들의 피 값만큼 연합군에 저주를
아녀자의 고통만큼 서양 놈에게 죽음을

후지산이 굽어본다
황국의 영광을 지켜본다

전쟁 전쟁 전쟁 전쟁
전쟁 전쟁 전쟁 전쟁
승리를 위해 우리는 간다

(목소리) "우리는 공격을 중지하지 않을 것이다."

음악 끝나면, 복잡한 동경의 사람들 사라진다.
송몽규가 윤동주를 데리고 나온다. 어두운 밤이다. 달이 떠 두 사람을 지켜본다.
그리고 두 사람을 멀리서부터 지켜보는 낯선 남자들이 어둠 속에 숨어있다.

송몽규   걸어. 좀 걸으며 바람 좀 쐐.

윤동주   몽규야… 미안하다. 우린 다 같은 마음일 텐데… 아…

송몽규	동주야, 나 너 화내는 거 처음 봤다. 와~ 무섭더라.
윤동주	몽규야… 아니다…
송몽규	말 안 해도 된다. 지금 네 마음이 내 마음이니까.
윤동주	스물일곱인데… 왜 우린 아직도 서투르기만 할까…

Music 15. (R) 내가 잊었던 것들 (듀엣)

윤동주

서러운 이 맘 부끄러운 이 밤

어디를 향해 나는 걸어가는가

누구를 위해 나는 살아가는가

송몽규

잠 못 이루고 뒤척이던 매일 밤

원고지에 써 내려간 몇몇 단어들

함께

완전한 어둠 끝이 나는 그 아침에

나는 완성할 수 있을까

윤동주

내 시에 담았던

내가 숨기고자 했던 부끄러운 청춘을

함께

타국의 시간 타인의 시선 속에

내가 잊었던 것들

윤동주

언제나 나를 지켜보는 저 달이

차갑도록 냉정하게 나를 비추면

벗겨진 속내 드러나는 그 순간에

나는 도망칠 수 있을까

내 시에 담았던

내가 변명하고 싶던 지나온 날들을

함께

서러운 이 맘 부끄러운 이 밤

어디를 향해 우린 걸어가는가

무엇을 위해 우리는…

송몽규   동주야, 가자!

윤동주   어딜?

송몽규   따라와! 기분도 풀 겸 청춘의 책갈피에 끼워둘 만한 추억을
             선물할 테니.

Music 16. 댄스 (춤곡)

비어홀이다. 서양식 옷을 입은 일본 청년들이 신나는 음악과 함께 스윙 풍의 사교춤을 추고 있다. 송몽규는 테이블에 앉아 익숙하게 자리에 앉아 맥주를 주문하고, 윤동주는 뭔가 모든 게 불편하다.

송몽규   한 잔 마셔. 야, 책만 끼고 있다고 공부가 아니야.

봐봐, 쟤들이 네 눈에는 행복해 보이냐? 아니! 발악하는 거야.

행복해 보이려고. 불안하니까 더 저렇게 발악하는 거라고.

괜찮은 듯, 여유롭다는 듯, 전쟁 따위는 전혀 상관없다는 듯!!

송몽규, 맥주를 한 잔 시원하게 마시고 홀(hall)로 나가 한바탕 신나게 춤을 춘다.

블루스 타임이 되자 한 일본 여성이 윤동주에게 손을 내밀지만, 윤동주는 정중하게 거절한다. 송몽규가 그 손을 대신 낚아채 블루스를 추는데, 일본 남성이 송몽규의 파트너를 강제로 낚아채려 하고 송몽규가 이를 막아선다.

일본인1   이리 와.

일본여성   왜 이래요?

송몽규   (막아서며) 잠깐, 잠깐… 신사라면 숙녀에게 예의는 지켜

야지?

일본인1   예의?

일본여성   무례하게 굴지 말고 가세요.

일본인1   이봐, 아가씨. 저 더러운 조센징이랑 춤추고 싶어?

일본여성   조센징?

일본인2	조센징인 거 몰랐어?
일본여성	왜 애길 안 했죠?
송몽규	춤추기 전 '난 조선인입니다. 그래도 추시겠습니까?' 이렇게 말하란 거요?
	(몽규, 장난스럽게 손을 내밀고) 춤추시겠습니까?
	아! 난 참고로 조선인입니다.
일본여성	내 대답은… (송몽규의 뺨을 때린다) 싫어요.

모두가 송몽규를 비웃는데, 송몽규는 자주 있는 일이라는 듯 여유롭게 피식 웃어 보인다.

일본인1	웃어?
일본인2	웃어? 어디 실컷 두들겨 맞고도 웃나 보자.

일본 남자들이 싸움을 걸어오지만, 실력적으로 송몽규가 더 우위다.
보다 못한 다른 일본 남자들이 가세하고 윤동주까지 엉겨 붙어 큰 싸움이 난다.
하지만 수세에 몰린 두 사람은 도망치기 시작한다.

Music. 긴장감 있는 BGM.

조명으로 길과 길을 만들고, 두 사람은 도망치기 시작한다.
일본 남자들의 추격을 따돌린 두 사람… 숨을 가쁘게 내쉰다.
달이 그런 두 사람을 비춘다.

윤동주	몽규야. 뛰어! 빨리!!
송몽규	(숨차게) 더는 못 가. 동주야. 아까 그 여자, 진짜 이쁘지 않냐?
윤동주	야, 넌 어머니 같은 여자가 이상형이라며.
송몽규	그때는 내가 사내가 아니었나 보다.
윤동주	지금은 사내고?
송몽규	아니, 싸나이.
윤동주	사내나 싸나이나.
송몽규	어감이 확실히 다르지. 사내는 남자, 싸나이는 늑대…
윤동주	녀석도 참…
송몽규	오랜만에 원 없이 달렸더니 속 시원하다. 봐. 아직도 심장이 뛰잖아.
윤동주	달음박질에 뛰는 거냐, 여자 생각에 두근거리는 거냐?
송몽규	글쎄 나도 모르겠다. 그나저나 날씨 조~오~타~!
윤동주	(하늘을 보면 깜깜한 밤이다) 밤인데? 비도 올 것 같고?
송몽규	그러고도 네가 시인이냐? 반어법 몰라 반어법?
	그나저나 동주야… 나, 여기서 이렇게 행복해도 되나 싶다.
윤동주	그건 역설법이지?

비 내린다.

윤동주	에이… 비 올 것 같더라니.
송몽규	세상은 정공법이네!

서로를 잡으려 도망 다니며 신나게 달리는 두 사람. 오랜만에 홀가분하

고 자유로워 보인다.

송몽규	동주야! 우리 이렇게 살아도 되는 거냐?
	난 밤마다 무섭다. 이러다 벌 받을까 봐.
윤동주	벌이라도 받아야 죄책감이 사라질 것 같아.
송몽규	(동주를 잡는다) 동주야! 고맙다! 내 곁에 있어줘서! 짜식…

둘이 재미나게 장난치는데, 윤영춘이 우산을 쓰고 나타난다.

윤영춘	지금 몇 시냐?
윤동주, 송몽규	죄송합니다.
윤영춘	여긴 곳곳에 밀정들이 많아. 게다가 몽규 넌 이미 요시찰인[2]이야.
	늘 감시를 당하고 있다는 말이야. 그러니 항상 행동을 조심해야 해.
	늦은 밤에 다니지 말고. 내 말 알겠지?
윤동주	너무 죄송해요, 당숙 어르신.
윤영춘	너희에게 무슨 일이라도 생기면 난 고향 어르신들을 무슨 면으로 뵙겠냐.
	내 말 무슨 말인 줄 알겠지?
윤동주, 송몽규	예.
윤영춘	그래, 어서들 쉬어라.

---

2 요시찰인(要視察人): 사상이나 보안 문제 따위와 관련하여 행정당국이나 경찰이 감시하여야 할 사람.

윤동주, 송몽규   안녕히 주무세요.

윤영춘 퇴장하면, 송몽규 푹 숙인 고개를 들어 윤동주를 보고 바보처럼 웃는다.
헛웃음이 나는 윤동주. 이때, 멀리 어디선가에서 풍금 소리 들린다.

송몽규   어! 풍금 소리다!

윤동주   (귀 기울여 듣는다) 그러네?

송몽규   너… 선화 양, 보고 싶지?

           (동주의 눈치를 보고 능청스럽게) 다들 잘 지내겠지?

윤동주   그렇겠지?

송몽규   우리 오늘은 아무 생각 말고 쉬자. 내일 보자.

윤동주   그래. 아! 몽규야! (몽규 보면) 고맙다.

송몽규   녀석… 싱겁긴…

송몽규 퇴장하면 윤동주는 책상에 앉아 편지를 쓴다.
한편, 이선화는 (조선의) 창가에 서서 윤동주의 편지를 읽으며 노래한다.

윤동주   선화 씨, 여긴 한바탕 소낙비가 내리고 있어요.

Music 17. 비가 온다 (이선화 솔로→짧은 듀엣)

이선화

편지지 속의 하얀 창틀

기다림으로 어른거리는 이 밤

내 귓가에 들리는 빗소리

괜찮다 토닥토닥 위로하는 소리 같아

괜찮아 괜찮다 괜찮아질 거야

윤동주   사실 오늘은 친구와 아이처럼 다투고 왔어요. 말하기도 창
피한 이유죠.
아마 그 이유를 여기에 쓴다면 이 편지는 부끄러워 부치지도
못하겠죠.
게다가 일본 놈들과 시비가 붙어 한바탕 곤욕을 치렀습니다.
다행히 별일 없이 집에 오는 길에 몽규 녀석이 '우리가 여기
서 이렇게 행복해도 되느냐'고 묻는데 내심 두려웠어요. 이
러다 벌 받지 않을까.

네가 나를 생각하니

나도 너의 모습 생각나는 거겠지

보고 싶어서 잠 못 이루니

너도 내 생각에 잠 못 이루고 있겠지

윤동주   당신을 이렇게 마음에 넣고 꺼내보는 것도 죄가 되지 않을까.
내심 두려웠어요. 속으로 온종일 묻고 또 물어봤죠.
이렇게 행복해도 되는 계절인가. (빗소리)

이제 눈을 감고 귀 기울여 봐

다행이다 / 네가 있다는 게
참 다행이다 / 내가 네 맘속에 있다는 게

윤동주　　　　바늘처럼 아픈 비가 가슴에 꽂히듯 내려 아무래도 예민해진
모양이에요.
선화 양에게 묻고 싶은 것들이 너무 많아요.
늘 그랬던 것처럼 오늘 밤 나에게 현명한 답을 주세요.

이제 눈을 뜨고 밤하늘을 봐
생각난다 / 너의 고맙다는 말
수줍어했던 너의 고백이
오늘 밤 유난히도 더욱더 생각나네

이선화, 윤동주
비가 온다. 다행이다
비가 온다. 네 생각이 난다
아직도 너의 모습이 생각나니
참 다행이다

너의 얼굴, 목소리, 따뜻한 손길
잊을 수 없어. 잊혀지지 않아서
다행이다 / 네가 있다는 게
다행이다 / 내가 네 맘에 있다는 게
다행이다

공습을 알리는 사이렌. 놀란 윤동주가 책상에 일어나 창밖을 본다.
전투기 소리 들리면 사람들이 거리로 쏟아져 나온다.

방송   대피! 대피! 즉시 안전한 곳으로 대피하십시오!

          다시 한번 알려 드립니다. 대피! 대피!

사람들   공습이다!!

Music 18. (R) 전쟁 전쟁

공습 경보 공습 경보

온 국민은 대피하라

공습 경보 공습 경보

빠르고 신속히 지하로 피해

공습 경보 공습 경보

온 하늘을 까맣게 뒤덮은 전투기

송몽규가 동주의 방으로 뛰어 들어온다.

송몽규   동주야, 피하자! 공습이 시작됐어!

비명과 함께 전투기 소리 커지면 가방을 들고 피신하는 두 사람. 폭탄 소리.
아내, 사이렌 소리 잦아들면 장성언이 윤동주의 어깨를 치며 나타난다.
서로 반갑게 인사한다.

장성언	동주. 무사해서 다행이다.
	요 며칠 공습으로 얼마나 긴장했던지. 어깨가 다 결린다.
송몽규	그래도 YMCA에는 큰 피해가 없어서 다행이야.
장성언	이달 들어 벌써 두 번째 공습이야. 정말 일본이 곧 패망할까?
	믿어지지 않으니…
윤동주	(자리에 앉으며) 권불십년! 권력도 십 년이라 했어.
	언제까지 일본의 기세가 당당하겠어.

백인준이 급히 뛰어 들어온다. 지난 일로 윤동주가 불편하다.

백인준	친구들! 자네들 소식 들었나? 조선어사전 편찬을 문제 삼아 조선어학회를 독립단체로 몰아 조선어학회 회원들이 모조리 검거됐대.
	외솔 최현배 선생님과 학자들이 홍원으로 끌려가 고초를 겪는 모양이야.
윤동주	독립단체로 몰린 이상, 놈들이 쉽게 마무리 지으려 하지는 않을 거야.
송몽규	작정한 듯 벌인 일일 텐데. 당연히 그렇겠지.
백인준	이렇게 있으면 안 돼. 어떻게든 도와야지. 안 그래?
윤동주	동감이야. 일단 조선 학생들을 모아 의견을 들어보자.
	조선어학회 선생님들을 도울 방법을 찾아야지.
송몽규	내가 아는 분이 상해임시정부와 연락이 닿으니, 난 그쪽과 연계해 함께 할 수 있는 일을 알아볼게.
백인준	너희들도 동참할 거지?

윤동주	그럼.
장성언, 송몽규	그럼.
백인준	가자!

그렇게 네 명의 친구가 자리에서 일어나려는데,
달빛을 가린 그림자가 물러가며 일본 순사 두 명의 모습이 드러난다.

순사	히라누마 도오쥬우, 소무라 무케이[3]? 체포해!

두 순사에게 송몽규와 장성언이 붙잡히고, 윤동주와 백인준은 도망치려다 머뭇거린다.

장성언	도망 가! 어서!
순사	꼼짝 마, 송몽규!

백인준이 윤동주의 손을 잡고 뛴다. 한참을 달리던 두 사람,

백인준	여기서 헤어지자. 행운을 빈다.
윤동주	몸조심해.
백인준	(악수를 청한다) 동주야! 우리 다시 만나면 건하게 술 한잔 하자!
윤동주	(고개를 끄덕인다) 그래!

---

3 송몽규의 일본식 이름을 발음대로 적음.

윤동주가 도망치다가 순사와 마주친다. 순사가 윤동주에게 다가서면…

순사 척쇼, 조센징!

암전과 함께 사이렌 소리. 연이어 타자기 치는 소리와 함께 재판관의 목소리 들려온다.

재판관 (목소리) 사립 도시샤대학 문학부선과 학생 조선인 윤동주에 대한 치안유지법위반 피고 사건에 관하여 당 재판소 검사는 모든 심리를 마치고 판결한다. 피고인을 징역 2년[4]에 처하고 후쿠오카로 이감한다.

1943년 10월 14일 일본 후쿠오카 형무소

철창 밖으로 조명이 켜지면 윤영춘이 윤동주를 면회한다.

윤영춘 동주야. 고생되더라도 조금만 참아라.
윤동주 몽규는… 몽규는 괜찮아요?
윤영춘 네 옆방에 있다. 갠 네 걱정이지, 뭐.
밝은 녀석이 말도 안 하고, 삐쩍 말라 눈이 퀭하니…
아니다, 아니다… 너도 몽규 녀석 걱정은 말고 일단 몸부터
추슬러라.

---

4 미결구류일수 중 120일을 형에 산입하여 징역 2년을 선고하였다.

변호사가 그러는데 학생 신분이라 1년 정도 지나면 대부분 석방해 준다고 하니 걱정하지 말고 건강하게 버텨. 내 말 알 겠지?

간수   면회 종료.

간수가 면회 종료를 알리면 윤영춘 퇴장하고 윤동주, 송몽규 서로 돌을 철창에 부딪쳐 신호를 보낸다. 윤동주의 감방 옆으로 송몽규의 모습 보 인다.

윤동주   몽규야. 몽규야!
송몽규   동주? 동주야!
윤동주   몽규야!
송몽규   동주야!

Music 19. 옥중에서 (듀엣)

윤동주
소란하던 옥중에 비명과 신음 소리

송몽규
거친 파도가 배를 삼키고 잔잔하듯

함께
밤은 적이 깊을 대로 깊었네

윤동주 / 송몽규

차갑게 식은 밥

몽규야! / 동주야!

먹어야 한다

먹고 버려야 한다

둘 다 차가워진 식은 밥을 욱여넣으며 운다. 철창 너머로 달이 뜬다.

윤동주

전등을 끈 대신 달이 켜지고

송몽규

눈을 감은 대신 별이 나르네

함께

옆에 누운 낯선 자의 거친 숨소리

어린아이의 밤처럼 무서워

차갑게 식은 밥

(윤) 몽규야! / (몽) 동주야!

먹어야 한다

먹고 버려야 한다

간수   누구야! 어떤 놈이 떠들어!

정의의 눈물 흘리던 나의 친구여

뜨거운 가슴을 가졌던 내 친구여

이 밤도 오늘이 마지막일까

잉크가 물들인 우리 손을

누가 기억할까

천번 만번 한없이 쌓인 미움

따뜻하게 감싸주는 너의 목소리

(윤) 몽규야! / (몽) 동주야!

돌아갈 곳이 있으니 견뎌야 한다

(윤) 몽규야! / (몽) 동주야!

꼭 견뎌야 한다

제발 견뎌주어라—

윤동주의 철창이 벗겨지면 흰 가운과 마스크를 한 몇몇 사람의 손에 이끌려
나온 조선인 죄수들. 줄을 선다. 윤동주와 송몽규도 끌려 나와 줄을 선다.

Music 20. 내 고향으로 날 보내주 (솔로→남성중창)[5]

미국 흑인 영가 〈내 고향으로 날 보내주〉가 들리는 가운데 일본 의사가

---

5 1절은 앨범 〈유성기로 듣던 여명의 한국 가곡사〉에 수록된 연희전문 4중창단의 음원을 쓰고 2절부
  터는 조선인 죄수로 분한 배우들이 따라 부른다.

정체 모를 주사를 놓기 시작한다.

간수	조선인 14명입니다.
윤동주	이 주사가 무슨 주사입니까?
일본인 의사	이건 너희들 건강을 위한 주사다.
윤동주	전 건강하니 그런 건 필요 없습니다.
일본인 의사	맞아야 한다. 어서 소매를 걷어라!

죄수들이 차례차례 주사를 맞는다. 수천 번 엄마를 찾은 듯 쉰 목소리로
애타게 엄마를 찾는 한 조선 청년의 팔 위로 놓이는 주사.
윤동주도 주사를 맞고 고통스러워 비틀거린다.
송몽규가 어지러움에 쓰러지는 윤동주를 부축한다.

윤동주	몽규야.
송몽규	동주야!
윤동주	(몽롱하듯 의식이 흐려진다) 오늘은 언제고 내일은 언제지?
송몽규	고통스러운 것은 오늘이고 편안한 것은 내일이 아닐까?
윤동주	내일 더 고통스러운 태양이 뜨면 어쩌지?
송몽규	넌 가끔 사람을 너무 생각하게 한다니까.

윤동주

내 고향으로 날 보내주 오곡 백화가 만발하게 피었고

종달새 높이 떠 지저귀는 곳 이 늙은 흑인의 고향이로다

내 상전 위하여 땀 흘려가며 그 누른 곡식을 거둬들였네

내 어릴 때 놀던 내 고향보다 더 정다운 곳 세상에 없도다

간수들이 쓰러진 윤동주를 철창으로 질질 끌고 가 가둔다.

송몽규   조금만 참자. 집에 가는 거야. 알지? 참고 견뎌! (몽규 끌려

                   간다)

윤동주   …… (간수에게) 몸이 아프니 제발 병원으로 옮겨주십시오.

간수   감기 기운이 있을 뿐이야. 조금 쉬면 괜찮아질 거야.

윤동주   그 주사 때문에 도통 일어나 앉아있기도 어렵습니다. 제발…

간수   히라누마 도오쥬우. 별 핑계를 다 대는군. 엄살 피우지 마!

간수들 사라지면 윤동주는 쓰러진 채 일어나지 못하고 중얼거린다.

윤동주   그 주사를 맞는 날이면 바닷속 저기 물고기들이 내 핏줄을

                   타고 흘러 들어오는 기분이다. 잠이 왔고, 며칠을 잤는지 모

                   를 정도다.

                   그래도 꿈을 꾸면 행복하다…

윤동주의 환청, 이선화가 풍금 소리가 들려온다.

윤동주   선화 양. 선화 양.

윤동주 몇 번이고 이선화의 이름을 불러보지만, 기운이 없어 목소리가 잘 나오지 않는다.

그 때문인지 이선화는 대답이 없다.

윤동주   차라리 뒤돌아보지 말아요.

            나는 어떠한 여자를 아내로 삼든 반드시 불행하게 만들 것 같으니…

윤동주는 이선화의 풍금 소리에 기대어 하늘을 본다.

눈 내리는 하늘 속 달이 뜬다.

21-a. 이별 BG

윤동주   눈이 오다. 물이 되는 날

            잿빛 하늘에 또 뿌연 내, 그리고,

            커다란 기관차는 빼-액- 울며,

            쪼그만,

            가슴은, 울렁거린다.

            이별이 너무 빠르다, 안타깝게도,

            사랑하는 사람을,

            일터에서 만나자 하고-

            더운 손의 맛과, 구슬 눈물이 마르기 전

기차는 꼬리를 산굽으로 돌렸다.[6]

시가 끝날 즈음, 윤동주의 환청과 환시가 점점 심해진다.
풍금소리 넘어 군화 소리 점점 커지면 친구들이 일본군 복장을 하고 걷는다.

윤동주	선화 양, 어딜 가요? 너희들은 다들 어디 가는 거야? 처중아! 넌 또 어딜 가는 거야?
강처중	우린 가야만 해.
윤동주	어디로.
장성언	싸우러 가야만 해.
윤동주	대체 무슨 일이 있던 거야?
백인준	모두가 강제 징집 대상이야. 우리도 어쩔 수 없어. 가야만 해.
윤동주	이제 곧 전쟁이 끝날 거야. 소문이 파다해.
정병욱	우리가 가지 않으면 가족들이 다쳐요. 꼭 돌아올게요. 윤 형, 걱정 마세요.
윤동주	돌아와야 해. 꼭 돌아와 다시 만나 함께 시를 쓰고 노래해야 해.
친구들	시?
윤동주	그래, 시. 시를 쓰는 거야. 우리 가슴속의 시. 교정에서 늘 그랬듯이.

---

6 〈이별〉 1936.3.20.

송몽규	동주야, 이제 더 이상 시는 없어. 우리가 바라던 시는 이제 죽었어.
윤동주	아니야, 아니야. 아니야…
친구들	생사의 갈림길에서 시를 쓰는 건 사치야. 부끄러운 일이 되어버렸어.
윤동주	아니야, 아니야. 시는 창피한 게 아니야! 시는 창피한 게 아니야!
이선화	동주 씨가 시인임을 부끄러워하지 마세요.

윤동주, 허우적대며 이선화에게 다가가려 하는데, 일본 군인들이 이선화를 강제로 끌고 간다.

| 이선화 | (뒤돌아보며 다급하게 부른다) 동주 씨! |
| 윤동주 | 안 돼요! 가지 마요! 안 돼! 이 새끼들아! 그 손 놔! 안 돼! 안 돼… |

윤동주는 힘주어 오열하다 쓰러져 아이처럼 운다.

윤동주	선화 양… 제발… 다들 어디 있는 거야…
강처중	(멀리서) 동주야, 멋진 시 한 수 읊어봐라.
윤동주	미안해. 미안해… 미안하다… 내가 미안해.

주사 때문인지 고통스러워한다.

친구들	동주야. 동주야 (대답이 없자 더 크게 불러본다)
강처중	동주야! (윤동주 보면) 진짜 듣고 싶다. 네 시.

윤동주, 온 힘을 다해 몸을 일으켜 세우고 시를 읽는다.

21-b. 별 헤는 밤 BG

윤동주	계절이 지나가는 하늘에는
	가을로 가득 차있습니다.

나는 아무 걱정도 없이
가을 속의 별들을 다 헤일 듯합니다.

가슴속에 하나 둘 새겨지는 별을
이제 다 못 헤는 것은
쉬이 아침이 오는 까닭이요,
내일 밤이 남은 까닭이요.
아직 나의 청춘이 다하지 않은 까닭입니다.

별 하나에 추억과
별 하나에 사랑과
별 하나에 쓸쓸함과
별 하나에 동경과
별 하나에 시와

별 하나에 어머니, 어머니,

어머님, 나는 별 하나에 아름다운 말 한마디씩 불러봅니다.
소학교 때 책상을 같이했던 아이들의 이름과, 패, 경, 옥,
이런 이국 소녀들의 이름과, 벌써 애기 어머니 된 계집애들
의 이름과, 가난한 이웃사람들의 이름과, 비둘기, 강아지,
토끼, 노새, 노루, '프랑시스 잠', '라이너 마리아 릴케', 이
런 시인의 이름을 불러봅니다.

이네들은 너무나 멀리 있습니다.
별이 아슬히 멀듯이.

어머님,
그리고 당신은 멀리 북간도에 계십니다.

나는 무엇인지 그리워
이 많은 별빛이 내린 언덕 위에
내 이름자를 써보고,
흙으로 덮어버리었습니다.

딴은 밤을 새워 우는 벌레는
부끄러운 이름을 슬퍼하는 까닭입니다.

그러나 겨울이 지나고 나의 별에도 봄이 오면

무덤 위에 파란 잔디가 피어나듯이

내 이름자 묻힌 언덕 위에도

자랑처럼 풀이 무성할 게외다.[7]

이선화와 친구들이 행복하게 웃으며 윤동주를 바라본다.

달이 점점 커져 무대 밝아진다.

친구들	동주야, 너는 자라 무엇이 되려 하니?
윤동주	(윤동주 가까스로 일어나 대답한다) 사람…
친구들	(더 멀리) 동주야, 너는 자라 무엇이 되려 하니?
윤동주	(소리친다) 사람!

밝은 달빛에 눈이 부신 듯 손으로 달을 가려보지만, 달빛은 가려지지 않는다.

Music 22. 달을 쏘다 (윤동주 솔로+부스 코러스)

윤동주

날 바라보는 저 달이 미워져

내 부끄러움을 비추는 달이 미워

저 달을 원망하며

돌을 찾아 저 달을 향해 던진다

---

7 〈별 헤는 밤〉 1941.11.5.

철창이 벗겨지며 윤동주 달을 향해 돌팔매를 시작한다.

통쾌하다
부서지는 달빛을 보니

우습구나
쪼개지는 그림자를 보니

저 달을 원망하며 돌을 찾아
저 달을- 향해 또다시 던진다-

친구들
던져도 던져도 죽어라 던져도
내 머리 위에서 빈정댈 달이지만
뜨는 해는 내일이 아니라 오늘이오
친구여 우리에게 내일은 없으니

윤동주, 신나게 돌을 던지고 또 던지다 자리에 쓰러진다.
달은 아무 상처 없이 더 커져 더 밝게 빛난다.

윤동주
좀 더 탄탄한 갈대로
화살을 삼아서
무사의 마음으로

무사의 맘으로 달을 쏜다

통쾌하다
부서지는 저 달빛이

우습구나
쪼개지는 저 그림자

윤동주, 다시 한번 힘을 내어 자리에서 일어서 힘껏 활시위를 당긴다.

오늘도 내일도 나는 무사의 마음으로
너를 쏜다
시를 쏜다
삶이 쓰다
달을 쏘다

윤동주가 달을 쏘자, 커다란 보름달이 산산이 부서지며 수없이 많은 별
이 된다.
윤동주, 자리에 쓰러지고 숨을 거둔다. 음악 장엄하다.

그랜드 합창
좀 더 탄탄한 갈대로
화살을 삼아서
무사의 마음으로

무사의 맘으로 달을 쏜다

음악이 절정으로 가는 가운데 무대는 다시 경성(신촌역)이다.
일상을 사는 경성사람들의 머리 위로 함박눈이 내리고…
사람들은 무대 가운데 웅크리고 죽음을 맞이한 윤동주를 무심히 지나치
며 노래한다.

통쾌하다
부서지는 저 달빛이

우습구나
쪼개지는 저 그림자

윤동주의 시신 위로 하얗게 쌓이고 쌓인다. 새하얗게…

오늘도 내일도 나는 무사의 마음으로
너를 쏜다
시를 쏜다
삶이 쓰다
달을 쏘다

(전보 치는 효과음과 함께)
1945년 2월 16일 윤동주 사망, 시체 가져가기 바람.
1945년 3월 7일 송몽규 사망, 시체 가져가기 바람.

암전.

Music 23. 커튼콜

부록

《윤동주, 달을 쏘다》에 활용된 작품 전문

팔복

1940.12.(추정)

—마태복음 5장 3~12절

슬퍼하는 자는 복이 있나니

슬퍼하는 자는 복이 있나니

슬퍼하는 자는 복이 있나니

슬퍼하는 자는 복이 있나니

슬퍼하는 자는 복이 있나니

슬퍼하는 자는 복이 있나니

슬퍼하는 자는 복이 있나니

슬퍼하는 자는 복이 있나니

저희가 영원히 슬플 것이오.

간판 없는 거리

정거장 플랫폼에
내렸을 때 아무도 없어.

다들 손님들뿐,
손님 같은 사람들뿐.

집집마다 간판이 없어
집 찾을 근심이 없어

빨갛게
파랗게
불붙는 문자도 없어

모퉁이마다
자애로운 헌 와사등에
불을 켜놓고,

손목을 잡으면
다들, 어진 사람들
다들, 어진 사람들

봄, 여름, 가을, 겨울
순서로 돌아들고.

십자가

1941.5.31.

쫓아오던 햇빛인데
지금 교회당 꼭대기
십자가에 걸리었습니다.

첨탑이 저렇게도 높은데
어떻게 올라갈 수 있을까요.

종소리도 들려오지 않는데
휘파람이나 불며 서성거리다가,

괴로왔던 사나이,
행복한 예수 그리스도에게처럼
십자가가 허락된다면

모가지를 드리우고
꽃처럼 피어나는 피를
어두워가는 하늘 밑에
조용히 흘리겠습니다.

아우의 인상화

1938.9.15.

붉은 이마에 싸늘한 달이 서리어
아우의 얼굴은 슬픈 그림이다.

발걸음을 멈추어
살그머니 애딘 손을 잡으며
"너는 자라 무엇이 되려니"
"사람이 되지"
아우의 설운 진정코 설운 대답이다.

슬며-시 잡았던 손을 놓고
아우의 얼굴을 다시 들여다본다.

싸늘한 달이 붉은 이마에 젖어,
아우의 얼굴은 슬픈 그림이다.

무제

1941.11.20.

죽는 날까지 하늘을 우러러
한 점 부끄럼이 없기를,
잎새에 이는 바람에도
나는 괴로워했다.

별을 노래하는 마음으로
모든 죽어가는 것을 사랑해야지.
그리고 나한테 주어진 길을
걸어가야겠다.

오늘 밤에도 별이 바람에 스치운다.

쉽게 씨워진 詩

1942.6.

창밖에 밤비가 속살거려
육첩방은 남의 나라,

시인이란 슬픈 천명인 줄 알면서도
한 줄 시를 적어 볼까,

땀내와 사랑내 포근히 품긴
보내 주신 학비 봉투를 받아

대학 노-트를 끼고
늙은 교수의 강의 들으러 간다.

생각해 보면 어린 때 동무를
하나, 둘, 죄다 잃어버리고

나는 무얼 바라
나는 다만, 홀로 침전하는 것일까?

인생은 살기 어렵다는데
시가 이렇게 쉽게 쓰여지는 것은
부끄러운 일이다.

육첩방은 남의 나라
창밖에 밤비가 속살거리는데,

등불을 밝혀 어둠을 조금 내몰고,
시대처럼 올 아침을 기다리는 최후의 나,

나는 나에게 작은 손을 내밀어
눈물과 위안으로 잡는 최초의 악수.

참회록

1942.1.24.

파란 녹이 낀 구리 거울 속에
내 얼굴이 남아 있는 것은
어느 왕조(王朝)의 유물(遺物)이기에
이다지도 욕될까.

나는 나의 참회(懺悔)의 글을 한 줄에 주리자.
만 이십사 년(滿二十四年) 일 개월(一個月)을
무슨 기쁨을 바라 살아 왔던가.

내일이나 모레나 그 어느 즐거운 날에
나는 또 한 줄의 참회록(懺悔錄)을 써야 한다.

그 때 그 젊은 나이에
왜 그런 부끄러운 고백을 했던가.

밤이면 밤마다 나의 거울을
손바닥으로 발바닥으로 닦아 보자.

그러면 어느 운석(隕石) 밑으로 홀로 걸어가는
슬픈 사람의 뒷모양이
거울 속에 나타나 온다.

이별

눈이 오다. 물이 되는 날
잿빛 하늘에 또 뿌연 내, 그리고,
커다란 기관차는 빼-액- 울며,
쪼그만,
가슴은, 울렁거린다.

이별이 너무 빠르다, 안타깝게도,
사랑하는 사람을,
일터에서 만나자 하고-
더운 손의 맛과, 구슬 눈물이 마르기 전
기차는 꼬리를 산굽으로 돌렸다.

별 헤는 밤

1941.11.5.

계절이 지나가는 하늘에는
가을로 가득 차있습니다.

나는 아무 걱정도 없이
가을 속의 별들을 다 헤일 듯합니다.

가슴속에 하나 둘 새겨지는 별을
이제 다 못 헤는 것은
쉬이 아침이 오는 까닭이요,
내일 밤이 남은 까닭이요,
아직 나의 청춘이 다하지 않은 까닭입니다.

별 하나에 추억과
별 하나에 사랑과
별 하나에 쓸쓸함과
별 하나에 동경과
별 하나에 시와
별 하나에 어머니, 어머니,

어머님, 나는 별 하나에 아름다운 말 한마디씩 불러봅니다. 소학교 때 책
상을 같이했던 아이들의 이름과, 패, 경, 옥, 이런 이국 소녀들의 이름과, 벌
써 애기 어머니 된 계집애들의 이름과, 가난한 이웃사람들의 이름과, 비둘
기, 강아지, 토끼, 노새, 노루, '프랑시스 잠', '라이너 마리아 릴케', 이런 시
인의 이름을 불러봅니다.

이네들은 너무나 멀리 있습니다.
별이 아슬히 멀듯이.

어머님,
그리고 당신은 멀리 북간도에 계십니다.

나는 무엇인지 그리워
이 많은 별빛이 내린 언덕 위에
내 이름자를 써보고,
흙으로 덮어버리었습니다.

딴은 밤을 새워 우는 벌레는
부끄러운 이름을 슬퍼하는 까닭입니다.

그러나 겨울이 지나고 나의 별에도 봄이 오면
무덤 위에 파란 잔디가 피어나듯이
내 이름자 묻힌 언덕 위에도
자랑처럼 풀이 무성할 게외다.

달을 쏘다

번거롭던 사위(四圍)가 잠잠해지고 시계 소리가 또렷하나 보니 밤은 저윽이 깊을 대로 깊은 모양이다. 보던 책자를 책상머리에 밀어놓고 잠자리를 수습한 다음 잠옷을 걸치는 것이다. 『딱』 스위치 소리와 함께 전등을 끄고 창녘의 침대에 드러 누우니 이때까지 밖은 휘양찬 달밤이었던 것을 감각치 못하였었다. 이것도 밝은 전등의 혜택이었을까.

나의 누추한 방이 달빛에 잠겨 아름다운 그림이 된다는 것보다도 오히려 슬픈 선창이 되는 것이다. 창살이 이마로부터 콧마루, 입술, 이렇게 햐얀 가슴에 여민 손등에까지 어른거려 나의 마음을 간지르는 것이다. 옆에 누운 분의 숨소리에 방은 무시무시해진다. 아이처럼 황황해지는 가슴에 눈을 치떠서 밖을 내다보니 가을 하늘은 역시 맑고 우거진 송림은 한 폭의 묵화다. 달빛은 솔가지에 솔가지에 쏟아져 바람인 양 쏴─소리가 날 듯하다. 들리는 것은 시계 소리와 숨소리와 귀또리 울음뿐 벅쩍 고던 기숙사도 절간보다 더 한층 고요한 것이 아니냐?

나는 깊은 사념에 잠기우기 한창이다. 딴은 사랑스런 아가씨를 사유(私有)할 수 있는 아름다운 상화(想華)도 좋고, 어린적 미련을 두고 온 고향에의 향수도 좋거니와 그보다 손쉽게 표현 못할 심각한 그 무엇이 있다.

바다를 건너온 H군의 편지 사연을 금곰 생각할수록 사람과 사람 사이의 감정이란 미묘한 것이다. 감상적인 그에게도 필연코 가을은 왔나보다.
편지는 너무나 지나치지 않았던가. 그 중 한 토막,

"군아, 나는 지금 울며울며 이 글을 쓴다. 이 밤도 달이 뜨고, 바람이 불고, 인간인 까닭에 가을이란 흙냄새도 안다. 정의 눈물, 따뜻한 예술학도였던 정의 눈물도 이 밤이 마지막이다."

또 마지막 켠으로 이런 구절이 있다. "당신은 나를 영원히 쫓아버리는 것이 정직할 것이오."

나는 이 글의 뉘앙스를 해득할 수 있다. 그러나 사실 나는 그에게 아픈 소리 한마디 한 일이 없고 서러운 글 한 쪽 보낸 일이 없지 아니한가. 생각컨대 이 죄는 다만 가을에게 지워보낼 수밖에 없다.

홍안서생으로 이런 단안을 내리는 것은 외람한 일이나 동무란 한날 괴로운 존재요 우정이란 진정코 위태로운 잔에 떠놓은 물이다. 이 말을 반대할 자 누구랴. 그러나 지기 하나 얻기 힘든다 하거늘 알뜰한 동무 하나 잃어버린다는 것이 살을 베어내는 아픔이다.

나는 나를 정원에서 발견하고 창을 넘어 나왔다든가 방문을 열고 나왔다든가 왜 나왔느냐 하는 어리석은 생각에 두뇌를 괴롭게 할 필요는 없는 것이다. 다만 귀뚜라미 울음에도 수줍어지는 코스모스 앞에 그윽히 서서 닥터 빌링스의 동상 그림자처럼 슬퍼지면 그만이다. 나는 이 마음을 아무에게나 전가시킬 심보는 없다. 옷깃은 민감이어서 달빛에도 싸늘히 추워지고 가을 이슬이란 선득선득하여서 설운 사나이의 눈물인 것이다. 발걸음은 몸뚱이를 옮겨 못가에 세워줄 때 못 속에도 역시 가을이 있고, 삼경이 있고, 나무가 있고 달이 있다.

그 찰나 가을이 원망스럽고 달이 미워진다. 더듬어 돌을 찾아 달을 향하여 죽어라고 팔매질을 하였다. 통쾌! 달은 산산히 부서지고 말았다. 그러나 놀랐던 물결이 잦아들 때 오래잖아 달은 도로 살아난 것이 아니냐, 문득 하늘을 쳐다보니 얄미운 달은 머리위에서 빈정대는 것을……

나는 곳곳한 나무가지를 고나 띠를 째서 줄을 매어 훌륭한 활을 만들었다. 그리고 좀 탄탄한 갈대로 화살을 삼아 무사의 마음을 먹고 달을 쏘다.

윤동주, 달을 쏘다 뮤지컬 대본집

초판 1쇄 인쇄 2025년 4월 25일
초판 1쇄 발행 2025년 5월 9일

대본·가사 | 한아름
발행인 | 강봉자, 김은경

펴낸곳 | (주)문학수첩
주소 | 경기도 파주시 회동길 503-1(문발동 633-4) 출판문화단지
전화 | 031-955-9088(대표번호), 9530(편집부)
팩스 | 031-955-9066
등록 | 1991년 11월 27일 제16-482호

홈페이지 | www.moonhak.co.kr
블로그 | blog.naver.commoonhak91
이메일 | moonhak@moonhak.co.kr

ISBN 979-11-7383-004-4 03680

＊파본은 구매처에서 바꾸어 드립니다.